“税法知识读本”征订单

为迎接2019年税法宣传月的到来，根据相关政策法规，中央财经大学税收教育研究所和国家税收法律研究基地在2018年版的基础上，组织业内专家编著了“税法知识读本”，共6本：《学龄前儿童税法知识读本（第二版）》《小学税法知识读本（第二版）》《初中税法知识读本（第二版）》《高中税法知识读本（第二版）》《大学税法知识读本（第二版）》《社区税法知识读本》。这6本书对于促进青少年及居民树立诚信品质、担当意识和税法观念，增强社会责任感，提升税收法治意识、提高税法遵从度，都具有重要意义。

一、征订方式(请选择其中一种方式订购)

1. 对公转账后，请扫码二维码提交在线回执单或加 QQ 群下载电子订单，复制电子订单内网址线上填写或扫描对公转账的二维码填写。

2. 个人或公务卡购买，请扫码微店二维码，发票信息请到宝贝详情中扫码提供，仅支持增值税普票，请在购买后 90 天内提交发票申请。

二、汇款地址和联系方式

1. 银行汇款资料：

收款单位：中国财政经济出版社　　　　开户银行：北京银行北洼路支行

账　　号：0109030740012010208677

2. 联系方式：

联 系 人：李亚京　　董文彦　　电子邮箱：liyj@cfemg.cn

联系电话：010-88191539　　010-88190446　　QQ 群（电子订单下载）：941956634

（请在群内文件里下载订单，全员禁言，可双击管理员头像单独联系）

三、订书注意事项

1. 汇款时请在备注处注明“税法读本”字样

2. 征订原则为书款到账后发书、邮寄发票。

3. 汇款后 15 天未收到书和发票，请联系相关人员办理查询业务，3 个月内有效。

4. 订购邮费标准：订购总数量 10 册以下一次性加收 20 元运费；订购总数量 10 册（含）以上、80 册以内一次性加收 50 元运费；订购总数量 80 册（含）以上免运费。

5. 汇款金额 200 元（含）以下单位均开具增值税普通发票；微店购书目前只支持增值税普通发票；符合条件的单位申请专票请将专票六项信息写全。

中国财政经济出版社

2019-3-12

出版社发书回执说明

代号	书名	单价	订购数量	订购条件	运费总额
18808	《学龄前儿童税法知识读本》	10		1-9 册	20 元
18810	《小学税法知识读本》	12			
18809	《初中税法知识读本》	16		10-79 册	50 元
18819	《高中税法知识读本》	18			
18820	《大学税法知识读本》	18		80 册以上	免运费
18813	《社区税法知识读本》	20			

订购总数量		运费金额		汇款总额	

对公转账 电子订单填写网址 （电脑网页）	https://www.lediaocha.com/pc/s/q3v00won （复制链接到网页填写，只支持收集订单，不能直接汇款，需要线下转账）	对公转账 电子订单二维码 （手机扫码）	

对公转账注意事项：

1.对公转账提交订单可选择复制网址到网页填写或手机扫码直接填写,只需填写一次即可.

2.流程:加 QQ 群 941956634----群文件下载订单------在线填写订单提交-----对公线下汇款----收书-----收发票----群里每周一更新十天前的发货记录

个人垫付
（微店购买请扫此二维码）

个人垫付注意事项：

1. 个人垫付请扫此二维码可直接购买
2. 流程：加 QQ 群 941956634----群文件下载订单----扫码购买---收书-----收发票----群里每周一更新十天前的发货记录。
3. 发票申请：扫码到购买界面，下翻到宝贝详情中找发票申请二维码提交信息。
4. 绑定微信可刷公务卡。请勿再填写对公转账的订单
5. 微店购买目前只支持开具增值税普通发票，如果需要开专票请按照对公转账流程办理。

青少年税法知识读本系列丛书

高中税法知识读本

（第二版）

中央财经大学税收教育研究所
国家税收法律研究基地
编著

中国财经出版传媒集团
中国财政经济出版社

图书在版编目（CIP）数据

高中税法知识读本 / 中央财经大学税收教育研究所，国家税收法律研究基地编著 .—2 版 .—北京：中国财政经济出版社，2019.3
（青少年税法知识读本系列丛书）
ISBN 978-7-5095-8819-2

Ⅰ . ①高… Ⅱ . ①中… ② 国… Ⅲ . ①税法 - 中国 - 青少年读物Ⅳ . ① D922.22-49

中国版本图书馆 CIP 数据核字（2019）第 025822 号

责任编辑：翁晓红　　　　责任校对：黄亚青
封面设计：孙俪铭

中国财政经济出版社 出版

URL：http://www.cfeph.cn
E-mail: cfeph@cfeph.cn

社址：北京市海淀区阜成路甲 28 号　邮政编码：100142
营销中心电话：010-88191537
北京时捷印刷有限公司印刷　各地新华书店经销
889 × 1194 毫米　16 开　4 印张　76 000 字
2019 年 3 月第 2 版　2019 年 3 月北京第 1 次印刷
定价：18.00 元
ISBN 978-7-5095-8819-2
（图书出现印装问题，本社负责调换）
质量投诉电话：010-88190744
打击盗版举报热线：010-88191661　QQ：2242791300

编辑委员会

序

依法治税是依法治国的重要组成部分。法治中国，财税先行，是以法担当治理的必然。

高中是个人从未成年人迈向成年人的重要阶段，高中学生是建设法治中国未来的储备军，让他们感受税法、理解税法、宣传税法，并为将来进一步尊重税法、拥护税法、信仰税法打下牢牢的基础，对建设法治中国具有重要的意义。

《高中税法知识读本（第二版）》，通过生活实践、社会实践的故事，让高中学生感觉到随着年龄的增长，与社会产生越来越紧密的联系，与税法产生越来越深的关系；从而让他们进一步了解税收的基本职能、税法的核心作用和“税收法治原则”的重要意义；进一步了解纳税人的义务与权利，明确国家和纳税人之间属于平等关系，让纳税人快乐纳税是税收法治的最高境界和目的。

本书通过向高中同学传授税收相关知识，能够有效地培养他们的纳税观念和权利意识，能够塑造法律人格和树立法治信仰，能够增强青年人的爱国情怀。

马海涛

2019 年 3 月

（注：作者为中央财经大学副校长、教授、博士生导师）

目　录

一、学校生活伴税而行

（一）置身于美丽的校园——为什么要交学费了

时光匆匆，小明以优异的成绩考入市一中，成为一名高中生。开学了，小明的父母早早地带着小明来到了新校园。首先映入眼帘的是高高耸立的校门，气势宏伟；走进校园，一排排古柏枝繁叶茂，教学楼、办公楼、图书馆、体育馆、宿舍楼等应有尽有。爸妈先带着小明把学费交了，小明就问爸爸，“为什么上高中之前我们从来没有交过学费，上了高中却要交学费呢？”爸爸回答道：“因为上高中之前是义务教育，国家都替你们把学费交了，让你们无忧无虑地在学校读书；而高中之后是非义务教育，咱们需要自己承担一部分学费。”置身在美丽整洁的校园中，小明禁不住问爸爸：“爸爸，您说，这么大、这么漂亮的校园得花多少钱啊！”

爸爸笑着说：“你说得没错，建设一所学校确实要花很多人力、物力和财力，这些都是政府出钱设计建造的。”小明听了，又继续问道：“那政府的钱是哪来的？”爸爸回答道：“是通过税收呀！政府向公民和企业征收一定的税款，然后用这些钱来提供公共产品和公共服务。除了学校，铁路、公路、广场、公园和你喜欢的军事装备等等，都是国家用税收收入进行投入的。”小明听了恍然大悟，原来税收有这么大的作用，心想长大了要争取多赚钱多缴税，做一个守法公民，为祖国的发展做贡献。

【知识链接】

税收是国家为满足社会公共需要，凭借公共权力，按照法律所规定的标准和程序，参与国民收入分配，强制取得财政收入的一种特定分配方式。税收体现了国家与纳税人在收益分配上的一种特殊关系。

税收是随着国家的形成而产生的。初期的国家，社会需求主要是以武力保卫国民的社会安全，维持公共秩序，兴建水利灌溉和宗教祭祀的公共工程、公共事业以及对外发动战争等。所以，国家是以地域划分国民、设立公共权力、调节社会矛盾、维护公共秩序、兴办公共工程、处理公共事务、维持国家安全的权力机构。它的基本职能是对内维持公共秩序、兴办公共工程和公共事业，对外维护国家安全。

我国自夏代进入奴隶制社会以来，夏、商、周三代土地均归王室所有，即所谓“溥天之下，莫非王土，率土之滨，莫非王臣”。当时的国王不仅是全国的最高统治者，也是全国土地的所有者。国王对其所拥有的土地，除了一小部分由王室直接管理外，大部分分封给诸侯、大臣和贵族，也有一小部分授予平民耕种。在这样的土地所有制下，中国税收的产生，同西方奴隶制国家有所不同，经历了一个复杂的演变过程。

早在夏代，我国就已经出现了国家凭借其政权力量进行强制课征的形式——贡。一般认为，贡是夏代王室对其所属部落或平民根据若干年土地收获的平均数按一定比例征收的农产物。到商代，贡逐渐演变为助法。助法是指借助农户的力役共同耕种公田，公田的收获全部归王室所有，实际上是一种力役之征。到周代，助法又演变为彻法。所谓彻法，就是每个农户耕种的土地要将一定数量的土地收获量缴纳给王室，即“民耗百亩者，彻取十亩以为赋”。夏、商、周三代的贡、助、彻，都是对土地收获原始的强制课征形式，在当时的土地所有制下，地租和赋税都是税收的原始形式，是税收发展的雏形。

春秋时期，鲁国适应土地私有制发展实行的“初税亩”，标志着我国税收从雏形阶段进入了成熟时期。春秋时期之前，没有土地私有制。由于生产力的发展，春秋时期在公田以外开垦私田以增加收入，鲁宣公十五年（公元前 594 年）实行了“初税亩”，宣布对私田按亩征税，即“履亩十取一也”，首次从法律上承认了土地私有制。这是历史上一项重要的税制改革措施，同时也是税收发展史上一个重要的里程碑。

除上述农业赋税外，我国商代也已经出现了商业、手工业的赋税。商业、手工业在商代已经有所发展，但当时还没有对其征收赋税，即所谓“市廛而不税，关讥而不征”。到了周代，为适应商业、手工业的发展，开始对经过关卡或上市交易的物品征收“关市之赋”，对伐木、采矿、狩猎、捕鱼、煮盐等征收“山泽之赋”。这是我国最早出现的工商税收。

（二）学校食堂好吃不贵——食堂得到何种优惠

逛完美丽的校园后，转眼就到了中午，小明和父母来到了学校的大食堂，和新入学的同学们一起就餐，开启了崭新的高中生活。

学校的食堂很大，共分为三层，每一层都有十几个窗口，窗口上写着不同的风味，有川式风味、湘式风味、粤式风味……还有小明喜欢吃的铁板烧、煲仔饭、砂锅粥、麻辣烫等。食堂的打饭师傅一边吆喝着一边给同学的餐盘打上热腾腾的饭菜，热闹而又欢快。小明不禁对未来的校园生活充满了期待，他对妈妈说："妈妈，学校食堂饭菜的种类这么多，你不用担心我在学校吃不饱。"

拉着父母一起，小明点了自己喜欢吃的香锅，挑了很多菜，结账的时候拿出校园卡，结果发现只扣了 25 块钱。平时在家附近的餐馆吃香锅，按照这个菜量至少要 40 块钱左右，学校为什么会这么便宜呢？会不会是师傅收错款了？小明疑惑地又和师傅确认了一遍：“师傅，确定是 25 块钱吗？”

“同学不要怀疑啦，就是 25 块钱，学校的食堂好吃不贵！”师傅笑着回答。

吃饭的时候小明和父母说起食堂的饭菜价格问题，平时工作会涉及税收的爸爸对小明说：“国家对学校的食堂有特殊的税收优惠政策，学校食堂为大家提供饭菜得到的钱是不征增值税的，这样就减轻了很大的税收负担，所以饭菜比较便宜。平时咱们家里附近的小饭馆还需要缴店铺租金以及增值税等各种税费，都包含在价格中了，所以会贵一些。”听完爸爸的介绍，小明不禁感叹：“税收无处不在，国家对学校食堂的税收优惠政策真是惠及了年轻的学子们。”

【知识链接】

国家对符合条件提供教育服务免征增值税的收入，指对列入规定招生计划的在籍学生提供学历教育服务的单位取得的收入，具体包括以下内容：经有关部门审核批准并按规定标准收取的学费、住宿费、课本费、作业本费、考试报名费，以及学校食堂提供餐饮服务取得的伙食费收入。除此之外，学校以各种名义收取的赞助费、择校费等，不属于免征增值税的范围。学校食堂是指按照《学校食堂与学生集体用餐卫生管理规定》（教育部令第14号）管理的学校食堂。

此外，国家为了发展教育事业，在其他方面也给予教育一定的税收优惠。如对国家拨付事业经费和企业办的各类学校、托儿所、幼儿园自用的房产、土地，免征房产税、城镇土地使用税；对财产所有人将财产赠给学校所立的书据，免征印花税；对高等学校、各类职业学校服务于各业的技术转让、技术培训、技术咨询、技术服务、技术承包所取得的技术性服务收入，暂免征收企业所得税；对学校经批准收取并纳入财政预算管理的或财政预算外资金专户管理的收费不征收企业所得税；对学校取得的财政拨款，从主管部门和上级单位取得的用于事业发展的专项补助收入，不征收企业所得税。

青少年是祖国的未来，国家投入财政资金促进教育事业发展，并在税收领域给予一定的优惠政策，为教育发展提供了很好的保障，使得青少年在阳光雨露下健康学习成长，成为社会有用的栋梁。

（三）校园比赛喜获大奖——奖金是否需要缴税

开学后，小明逐渐融入了学校生活中。一方面，小明在学业上勤奋努力，当上了数学课代表，得到同学和老师们的喜爱；另一方面，小明积极发展自己的课余爱好，由于自身对唱歌有浓厚的兴趣，小明参加了学校的音乐社团，利用课余时间学习唱歌。

最近，有企业赞助学校社团举办校园十佳歌手大赛，比赛的第一名可以获得2000元奖金，第二名获得1000元奖金，第三名获得500元奖金。小明看到后，立即报名参加。凭借着自身的实力，小明一举夺取冠军，获得了2000元的奖金。

平时受到父亲的熏陶，小明了解到个人获得的收入是需要缴纳个人所得税的，那么这次比赛的奖金是否也需要缴税呢？于是小明找到了主办方，询问了纳税问题。主办方工作人员对小明说："比赛的奖金确实需要缴税，不过我们单位已经在给你们发奖金的时候扣掉了，所以你们拿到手的其实已经是税后收入了。放心吧，咱们都是守法的好公民！"

【知识链接】

参加学校举办的比赛，获得奖金和奖品需要缴纳个人所得税，按照个人所得税中的"偶然所得"税目纳税，执行20%的比例税率。正常情况下，应当由举办单位（奖品、奖金的支付方）代扣代缴税款。

根据《中华人民共和国个人所得税法》（2018年修订版）第二条的规定，下列各项个人所得，应当缴纳个人所得税：（一）工资、薪金所得；（二）劳务报酬所得；（三）稿酬所得；（四）特许权使用费所得；（五）经营所得；（六）利息、股息、红利所得；（七）财产租赁所得；（八）财产转让所得；（九）偶然所得。

其中，"偶然所得"是指个人得奖、中奖、中彩以及其他偶然性质的所得。如果个人购买福利、体育彩票（奖券）一次中奖收入不超过1万元（含1万元）的暂免征收个人所得税；一次中奖收入超过1万元的，应按税法规定全额征税。

《中华人民共和国个人所得税法》中，有对奖金免税的规定，但仅限于个人获得的省级人民政府、国务院部委和中国人民解放军军以上单位，以及外国组织、国际组织颁发的科学、教育、技术、文化、卫生、体育、环保等方面的奖金，以及为鼓励广大人民群众见义勇为、维护社会治安、揭发举报犯罪行为，对个人发放的奖金或奖品，按照税法相关规定都是可以免征个人所得税的。

【模拟演练】

第一名的税前奖金为2000元，由主办方代扣代缴个人所得税，那么，小明拿到的税后奖金收入是多少？

解析：代扣代缴个人所得税：2000×20%=400（元）；

小明实际税后奖金收入为：2000−400=1600（元）。

居民个人取得综合所得，按年计算个人所得税；有扣缴义务人的，由扣缴义务人按月或者按次预扣预缴税款；需要办理汇算清缴的，应当在取得所得的次年3月1日至6月30日内办理汇算清缴。

（四）参加税法知识讲座——原来父母都在缴税

今天，税务局的李科长来到小明所在的年级进行税法知识普及讲座，主题是关于个人所得税的征管政策。李科长告诉大家，个人所得税是针对个人所得征收的一种税，有多个税目。而对于父母们来说，最常使用的是工资薪金所得的个人所得税政策。但对于工资薪金所得而言，并不是只要拿到工资就要缴税。2019 年 1 月 1 日后居民个人取得的工资、薪金等综合所得，以每一纳税年度的收入额减除费用 6 万元以及专项扣除、专项附加扣除和依法确定的其他扣除后的余额，为应纳税所得额。除了工资薪金，还有劳务报酬所得、稿酬所得、财产转让所得甚至偶然所得等也需要缴纳个人所得税，买彩票中奖了，也需要缴纳个人所得税。同时，李科长还告诉大家，当前我国工资薪金征税施行代扣代缴制度，获得工资薪金所得的人都不需要自己跑税务局缴税，而是由他们所在的公司直接将需要缴纳的税款扣下来，然后统一缴给税务局。

小明对此深感疑惑："不对呀，为什么我爸爸还要自己进行个人所得税的纳税申报，这是怎么回事？"

经过李科长的解答，小明这才明白，原来他爸爸在一家外企工作，经常到国外从事工作，从国外取得了所得，所以要自行进行纳税申报。

【知识链接】

根据《中华人民共和国个人所得税法》（2018 年修订版）第十条的规定，有下列情形之一的，纳税人应当依法办理纳税申报：（一）取得综合所得需要办理汇算清缴；（二）取得应税所得没有扣缴义务人；（三）取得应税所得，扣缴义务人未扣缴税款；（四）取得境外所得；（五）因移居境外注销中国户籍；（六）非居民个人在中国境内从两处以上取得工资、薪金所得；（七）国务院规定的其他情形。

扣缴义务人应当按照国家规定办理全员全额扣缴申报，并向纳税人提供其个人所得和已扣缴税款等信息。

（五）高考立志为国学税——税收专业在学什么

小明刚刚参加完高考，正为报志愿选专业烦恼着。小明从小有着很强的集体意识和家国情怀，在学校的一次税收宣传月活动中，他参观过本市的税务局办税大厅，听了税务局工作人员的介绍，知道了税收是国家治理的基石，哪个国家都离不开税收，有税收才能保障社会发展和人民幸福。从此小明便对税产生了浓厚的兴趣，与税结下了不解之缘。

小明渴望报考税收专业，可是他并不知道税收是学什么的，既担心自己选错了专业，又担心自己学不好。于是，他找到在税务局工作的哥哥。哥哥十分支持小明的想法，并对他进行了详细讲解：税收学是一门重要的经济类学科，具有很强的实践性，是典型的应用经济学课程，通俗来说就是学习税收专业你不会觉得枯燥；税收专业是为国家培养专门的税务人才的，只要努力一定可以学好。小明听后坚定了自己的想法，决定报考税收学专业。

【知识链接】

税收专业知多少

培养目标：税收专业是系统地反映税收理论、政策、制度和管理内容的学科。在税收理论方面，尽可能按市场经济下规范的税收理论方法分析税收问题；在税收政策方面，根据税制改革和政策调整以及法律制度的细化，充实税法制度内容；从企业纳税和筹划考虑，融入部分税收筹划案例分析。培养掌握税收基本知识和实际操作技能，从事财政、税务及其他经济管理工作的高级管理人才。

培养方向：要求学生系统学习和掌握本专业必需的基础理论、基本知识、基本技能，能够熟练掌握税务管理的具体方法和操作技能；了解国内外税收理论与管理的历史、现状和发展趋势；熟练掌握本专业必需的核算、计算机应用等实际操作技能，具备调查研究、分析解决本专业实际问题和从事科学研究的能力。本专业毕业生就业主要面向财政、税务等国家机关，以及银行、证券、保险、外贸等机构，也有一部分毕业生到会计师、税务师事务所及各大企业从事财会管理工作。

主干课程：税收理论、中国税制、外国税制、税收筹划、税务代理实务、国际税收、税收管理、财税信息化、财务会计、公共财政学、中国财政史、国家预算、公共支出管理、宏观经济学、微观经济学、计量经济学、经济法、国际经济学等。

【模拟演练】

同学们一起交流，根据你的观察和实践活动，说说你了解的税收。

二、假期出行税税俱到

（一）税行天下利民——综合所得须纳税

小明从小喜欢画画，平时跟随一位美术老师进行学习。放假了，小明去看望自己喜欢的美术老师。美术老师告诉小明，之前他出版的介绍美术史的书今年再版了，并送给小明一本作为留念，希望小明继续了解美术历史，不断学习，在美术方面有所造诣。此时，老师再版的书取得的收入要视为“稿酬所得”计征个人所得税。

美术老师还告诉小明，自己的一幅书画作品被一家公司看中，作为公司的 LOGO 使用，并给了他一定的使用费。他决定把这笔钱拿出来，创办一个美术展览馆，为美术事业的发展贡献自己的力量。此时，公司支付给美术老师的使用费被视为“特许权使用费”计征个人所得税。

小明告诉美术老师：“这笔钱虽然被政府征了税，但是政府会把税收投入教育事业的，和您创办展览馆的初衷是一样的！”美术老师笑着说：“是的，我间接地通过税收为全国的美术事业做出贡献啊！”

【知识链接】

稿酬所得，是指个人因其作品以图书、报刊等形式出版、发表而取得的所得。这里所说的“作品”，是指包括中外文字、图片、乐谱等能以图书、报刊方式出版、发表的作品，包括本人的著作、翻译的作品等。按照最新的个人所得税法规定，2019 年 1 月 1 日后居民个人的稿酬所得、特许权使用费所得等综合所得，以每一纳税年度的收入额减除费用 6 万元以及专项扣除、专项附加扣除和依法确定的其他扣除后的余额，为应纳税所得额。综合所得，适用 3% 至 45% 的超额累进税率。

其中，劳务报酬所得、稿酬所得、特许权使用费所得以收入减除 20% 的费用后的余额为收入额。稿酬所得的收入额减按 70% 计算。特别值得注意的是对“次”的规定：以每次出版、发表取得的收入为一次；

同一作品再版取得的所得，应视作另一次稿酬所得计征个人所得税；同一作品在报刊上连载取得收入，以连载完成后取得的所有收入合并为一次，计征个人所得税。

（二）外出吃饭索票——主动开票防漏税

小明最近一段时间都在努力准备考试，非常辛苦，今天终于考完了。妈妈决定带着全家人一起去外面吃顿大餐，犒劳一下小明。

吃完饭结账的时候，收银员问小明的妈妈：“您好，请问您是否需要开具发票？如果您不要发票的话，可以送给您一瓶可乐。”

小明妈妈说：“我要发票。”“那您的发票抬头是写公司，还是个人呢？如果写公司的话，需要告诉我您的公司名称和纳税人识别号。”

“写个人就可以。谢谢！”小明妈妈回答道。

小明在旁边听得有点迷糊，在回家的路上问道：“妈妈，为什么不选择要饮料啊？还可以免费送可乐，多划算啊！”

妈妈说：“我们不能为了一瓶可乐，就放弃索要发票的权利。如果不开发票的话，就容易给企业少计收入这些违法行为提供机会。”

“什么是少计收入啊？我有点不太懂。”

“如果我们这次选择了可乐，饭店就可能将这笔收入不进行纳税申报了。”妈妈继续解释道。

“哦，妈妈，这次我懂了，我们开发票，就可以防止一次这种行为。那我就不可惜那瓶可乐了。”

“哈哈，回去喝酸奶，还有助于消化，以后要少喝碳酸饮料，对牙齿不好；而且，明天我们还可以在微信上抽奖。”

“怎么还有抽奖呢？”小明很疑惑。

“现在增值税发票是有奖发票，你看发票的左上角是不是有一个二维码？可以通过微信公众号在‘有奖发票’那一栏扫一下二维码，就可以抽奖了。”

“哇，好棒啊，明天我们试试吧！”小明非常开心，“希望明天可以抽到奖！”

【知识链接】

发票的作用：发票在我国社会经济活动中具有极其重要的意义和作用：

（1）发票具有合法性、真实性、统一性、及时性等特征，是最基本的会计原始凭证之一；

（2）发票是记录经济活动内容的载体，是财务管理的重要工具；

（3）发票是税务机关控制税源、征收税款的重要依据；

（4）发票是国家监督经济活动，维护经济秩序，保护国家财产安全的重要手段。

【模拟演练】

发票是计征税款的依据吗？

解析：发票是最基本的会计凭证，反映纳税人的经济活动，也是税务机关计征税款的主要依据，所以我们需要主动索要发票并妥善保管。

（三）调节消费行为——消费税无处不在

“奶奶，我被一所知名的财经大学录取啦，是税收专业，我的第一志愿！”小明在电话里兴奋地给奶奶报喜。

“真不愧是我的好孙子！正好你也放假了，来奶奶这里玩几天吧！”奶奶在电话里高兴地说。

第二天，爷爷开着汽车从车站接到了小明，然后带着小明的奶奶和小明一起去餐馆吃饭。在路上奶奶对小明说：“你将来学税收专业可真是有很大的用武之地啊，你爷爷买辆小汽车，其中的价格也包含了税收，据说包含增值税，还包含消费税，税和咱们的生活太密切了。”

小明对奶奶说：“奶奶，汽车还要烧汽油，汽油也要缴消费税。”

小明的爷爷问："你说咱们国家征了增值税，为什么还要征消费税呢？"

"国家开征每一种税都是有目的的，征税不但能保证国家取得财政收入，还能起到调节作用。既然开征了不同于增值税的消费税，那就是要对增值税无法调节的消费行为进行调节。"小明给爷爷解释着。

下车后，小明和爷爷、奶奶走进餐馆，爷爷看到了桌子上摆放的木制一次性筷子，便问道："小明，这么便宜的木制一次性筷子不会也要缴消费税吧？"

小明对爷爷说："生产木制筷子需要砍伐大量的树木，破坏自然生态，征收消费税可以在一定程度上减少这种行为，您说要不要征税呢？"爷爷笑而不语。等到饭菜上桌后，小明点了一瓶啤酒，对爷爷说："爷爷，您看，咱们常喝的啤酒和白酒其实也要征消费税。"奶奶问道："为什么这么常见的酒还要征税呢？"这时隔壁餐桌的客人抽起了烟，把小明和奶奶呛得不轻，小明笑着和奶奶说："奶奶您看，这烟把咱们呛得不轻，而且烟是有害健康的，所以这香烟也要征消费税；酒喝多了也会影响身体健康，所以对酒征收消费税。"

奶奶不禁感慨道："消费税还真是无处不在啊！"

【知识链接】

消费税是指对消费品和特定的消费行为按流转额征收的一种商品税，主要对特定消费品或特定消费行为等课税。目前各国开征消费税的目的主要包括三个方面：增加财政收入、促进资源配置、调节收入分配。在中华人民共和国境内生产、委托加工和进口应税消费品的单位和个人，以及国务院确定的销售消费税条例规定的消费品的其他单位和个人，为消费税的纳税人。

目前，我国主要对奢侈品、不可再生资源类消费品以及危害人类健康和环境的消费品征税，税目有烟、酒、高档化妆品、贵重首饰及珠宝玉石、鞭炮焰火、成品油、摩托车、小汽车、高尔夫球及球具、高档手表、游艇、木制一次性筷子、实木地板、电池、涂料。

（四）置身农村大地——耕地占用需缴税

从餐馆吃完饭，小明和爷爷奶奶回到家里，在家门口纳凉。看着家门口广阔的田地，小明不禁感叹天地的浩渺。看着孩子们欢快地在田间玩耍，小明问道：“爷爷，村子里有幼儿园吗？孩子们平时都去哪儿玩？”

爷爷说：“很快就要有了，就用咱家门口这一块耕地，县政府要在这里建个大的幼儿园，让全村的孩子再也不用跑到邻村上幼儿园啦！”

小明又问道：“耕地不是很宝贵吗？国家要保护耕地，对占用耕地的行为肯定会有措施！我记得咱们国家开征了耕地占用税这种税，不知道县政府要不要缴耕地占用税啊？”

爷爷摇摇头，说："政府应该是不缴的，具体的规定你可以再查查。农民最看重的就是耕地，不过也得看实际情况，建幼儿园这样的好事不应该征税。"

这时奶奶走过来，对爷爷说："门口的地建了幼儿园，还有空地让咱们扩建东屋吗？"爷爷回答道："有是有，不过我不打算扩建了，咱家房子又不是不够住。"小明和奶奶都非常惊讶地问："为什么？"爷爷哈哈一笑，说道："因为咱们占用耕地，要缴税啊！"

【知识链接】

耕地是土地资源中最重要的组成部分，是农业生产最基本的生产资料。我国人口数量众多，但耕地相对较少。政府开征耕地占用税，是运用税收经济杠杆的作用有效地保护耕地，使占用耕地建房及从事其他非农业建设的单位和个人承担必要的经济责任，促使他们节约、合理地使用耕地资源。这对于保护国土资源、促进农业可持续发展以及强化耕地管理、保护农民的切身利益等，都具有十分重要的意义。

耕地占用税的纳税义务人，是占用耕地建房或从事非农业建设的单位和个人。耕地占用税的征税范围包括纳税人为建房或从事其他非农业建设而占用的国家所有和集体所有的耕地。由于不同地区情况不同，因此耕地占用税实行地区差别定额税率。对占用耕地实施一次性征收。对公益性单位和需要照顾群体设立减免税情况如下：

1. 免征耕地占用税：

（1）军事设施占用耕地。

（2）学校、幼儿园、养老院、医院占用耕地。

2. 减征耕地占用税：

（1）铁路线路、公路线路、飞机场跑道、停机坪、港口、航道占用耕地，减按每平方米 2 元的税额征收耕地占用税。

（2）农村居民占用耕地新建住宅，按照当地适用税额减半征收耕地占用税。

（3）农村烈士家属、残疾军人、鳏寡孤独以及革命老根据地、少数民族聚居区和边远贫困山区生活困难的农村居民，在规定用地标准以内新建住宅缴纳耕地占用税确有困难的，经所在地乡（镇）人民政府审核，报经县级人民政府批准后，可以免征或者减征耕地占用税。

（五）体验农业生产——享受增值税优惠

小明的爷爷种植了一片苹果树果园，小明来的第二天就是该给果树喷洒农药的日子。一大早，小明就被爷爷叫醒，让小明跟着他一起去村口小卖部买农药。在购买农药的时候小明发现农药的价格相对便宜，便问售货员原因，得知农药的税率为11%。

买完农药后两人有说有笑地往回走，走到半路奶奶打来电话，说农机的一个零件坏了，要爷爷顺便买一个农机零件。到了农机商场，小明看了看农机零件的价格，发现如果按零件买，然后将零件组装成整个农机的话，总价要比买一个新农机还贵。小明查阅了资料，得知农机整机的增值税税率为 11%，但是农机零件不享受优惠，依然按照 17% 的税率纳税，所以农机零件的价格就比较贵了。

到了收获的季节，爷爷奶奶家的苹果囤积了半屋子，小明一直担心苹果卖不出去，但是爷爷说不用担心，附近有食品公司，他们的主要产品就是苹果罐头，所以村里才会有这么多人种苹果树。爷爷刚说完，村委会的大喇叭就喊道："有公司收苹果，有意者请到村委会现场售卖。"于是，爷爷奶奶将所有囤积的苹果装车运到食品公司，全部销售出去。卖完苹果后，奶奶的手里多了一摞钞票，食品公司还给了奶奶一张纸。奶奶拿给小明看，小明发现这是一张农产品收购发票，与平时常见的发票不同的是，左上角多了"收购"两字，而且是由付款方开给了收款方，与平时由收款方开给付款方的情况恰好相反。

【知识链接】

农药是指用于农林业防治病虫害、除草及调节植物生长的药剂。农药包括农药原药和农药制剂，如杀虫剂、杀菌剂等。为了鼓励农业发展，减轻农民负担，国家允许农药生产企业在销售农药时，按照低税率 11% 征税。

农机是指用于农业生产（包括林业、牧业、副业、渔业）的各种机器和机械化、半机械化农具，销售农机时按照低税率 11% 征税。但农机零部件不属于农机的范围，仍需按照 17% 征税。

农业生产者销售的自产农产品免税。农业生产者可以是单位，也可以是个人。农业产品则是指各种初级产品。农业生产者销售自产农产品也是可以开具销售发票的，此时开具的发票是由收款方农业生产者开给收购单位的。如果是农民个人销售自产农产品，则需要到税务局申请代开发票；如果是农民专业合作社代农民销售，则可以向收购单位开具普通发票，收购单位同样可以按照上述规定进行抵扣。

三、家庭生活无税不在

（一）家庭投资理财——股票债券收益缴税

小明的爸爸妈妈有很好的理财观念，他们利用家里的闲置资金进行分项投资。小明的妈妈追求稳定的收益，因此购买了国债，国债利息是免征个人所得税的。而小明的爸爸对股票很感兴趣，购买了中国境内上市公司的股票。由于爸爸入市时机把握得好，再加上他对金融知识有着系统的学习，因此他将持有两年的股票卖出后，大赚了一笔。

爸爸赚钱后请全家人出去吃了一顿饭，小明也特别开心，但小明又想起获取了投资所得需要缴纳个人所得税，于是提醒爸爸："咱家投资股票的收益是不是需要缴税呢？"爸爸告诉小明说："国家鼓励资本市场的发展，对个人进行股票转让赚取的收益暂时不征收个人所得税，所以我们这笔钱不用缴税，可以拿去旅游啦！"

【知识链接】

根据税法规定，国债利息所得免征个人所得税。对于购买企业债券取得的利息收入，按税法规定缴纳 20% 的个人所得税。税款由兑付利息的机构负责代扣代缴。此外，个人投资者持有的企业债券在到期前转让的，产生的差价收入，按照"财产转让所得"应税项目缴纳 20% 的个人所得税，但允许扣除相关的合理费用和缴纳税费额。

对于个人股票投资，遵循以下税收政策：

（1）股票转让环节：《财政部、国家税务总局关于个人转让股票所得继续暂免征收个人所得税的通知》（财税字［1998］61 号）规定："为了配合企业改制，促进股票市场的稳健发展，经报国务院批准，从 1997 年 1 月 1 日起，对个人转让上市公司股票取得的所得继续暂免征收个人所得税。"根据此规定，个人转让上市公司股票，暂免征收个人所得税。

（2）股票持有环节：根据《关于上市公司股息红利差别化个人所得

税政策有关问题的通知》（财税［2015］101号），2015年9月8日以后，个人从公开发行和转让市场取得的上市公司股票，持股期限在1个月以内（含1个月）的，其股息红利所得全额计入应纳税所得额；持股期限在1个月以上至1年（含1年）的，暂减按50%计入应纳税所得额；持股期限超过1年的，股息红利暂免缴纳个人所得税。按上述标准计算的应纳税所得额统一适用20%的税率计征个人所得税。

（二）父母出租房屋——收取租金如何缴税

小明家里有一套闲置住房，因为小明要上高中，所以将房子出租收取租金，用来支付小明的生活费和学费，小明的爸爸收到的租金要缴房产税和个人所得税。不久，小明的爸爸就找到了租房者，协议约定每月租金为 5000 元。小明的爸爸一次性收取了 3 个月的租金 15000 元。

【知识链接】

小明的爸爸收取的个人房屋租金应该按照 5% 的征收率减按 1.5% 计算缴纳增值税，按照 4% 的税率计算缴纳房产税，按照 10% 的税率计算缴纳个人所得税。

我国税法规定，其他个人（自然人）出租住房，按照5%的征收率减按1.5%计算缴纳增值税。计算公式为：应纳税款＝含税销售额÷（1+5%）×1.5%，其中含税销售额一般为收取租金数额。

与此同时，我国对其他个人出租住房也规定了相应的税收优惠政策：其他个人采取一次性收取租金的形式出租不动产，取得的租金收入可在租金对应的租赁期内平均分摊，分摊后的月租金收入不超过3万元的，可享受小微企业免征增值税优惠政策。其他个人采取预收款形式出租不动产，取得的预收租金收入，可在预收款对应的租赁期内平均分摊，分摊后的月租金收入不超过3万元的，也可享受小微企业免征增值税优惠政策。但是要注意的是，此项优惠只适用于自然人，不适用于个体工商户。

出租房屋收入应该按照“财产租赁”项目计算缴纳个人所得税，适用20%的税率。我国对个人按市场价格出租住房取得的所得规定了相应的税收优惠，减按10%的税率征收个人所得税。

房产税以房产为征税对象。我国现行房产税采用的是比例税率，分为从价计征和从租计征两种形式。相应地，房产税的税率也有两种：一种是按房产原值一次减除10%—30%后的余值计征的，税率为1.2%；另一种是按房产出租的租金收入计征的，税率为12%。我国对个人出租住房房产税减按4%税率征收。

（三）汽车出行修理——诚信纳税从我做起

周末，爸爸开着汽车带着一家人外出旅行，走到半路汽车出现了故障，于是只好将车开到最近的维修店进行修理。

在汽车修理的过程中，小明的爸爸和老板攀谈起来。小明对税收问题比较感兴趣，便询问了老板有关维修店缴税的一些问题，在交流中小明得知这个公司纳税信用等级一直被评为 A 级。

汽车修好了，小明的父亲结账时习惯地索要了发票，这时碰到了同时修理完的另一个车主前来结账。那位车主对老板说："老板，我在你这儿修理花了这么多钱，你送我个修理箱吧！而且我不开发票，这样你们公司不就少缴税了，那送我个修理箱不过分吧？”老板听后收起笑脸对他说：“我们公司是诚信纳税的好纳税人，是不会做这种偷逃税的事情的，礼物我可以在能力范围内送您一份，但是不是因为不开票，而是希望您之后常来我们这儿。”说着老板便将车主所花费的金额一分不差地开具了发票，交到车主手中。

看到这一幕，小明的爸爸不禁竖起了大拇指：“老板，像您这样能够一直坚定地诚信纳税真的令我们敬佩！”老板笑着说道：“只有从一点一滴做起，诚信纳税，这个社会才会变得更美好！”小明的爸爸说：“我们都应该向您学习！诚信纳税，从我们做起！”一旁的小明也频频点头。

【知识链接】

税收诚信包括两个方面：一是纳税人的纳税诚信，二是税务机关的征税诚信。这二者的有机统一才是税收诚信的完整内涵。税收诚信是社会主义市场经济的客观需要，也是全面推进依法治税的内在要求。

税收诚信是市场经济条件下的社会基本道德规范之一，它具有社会规范的一般功能，主要体现为指引功能、补充功能、评价功能和教育功能。目前，我国正处于社会主义初级阶段，与社会主义市场经济相适应的市场诚信体系尚不完善。我国税收领域还存在着比较严重的诚信缺失现象。例如，纳税人偷逃税、恶意拖欠税款、征税人员执法随意、执法犯法现象时有发生等。倡导税收诚信，任重而道远！

（四）爷爷生病住院——国家税收用于保障

爷爷因感冒住进了医院，小明的爸爸给小明的爷爷挂完号后，医生很快就给爷爷诊断了病情，开了药方。爸爸在拿药后办了住院手续，很快就有护士给爷爷进行输液治疗。爷爷感慨道：“现在医疗真是方便啊，技术也比我年轻时候先进多了，给我们老年人提供了很好的医疗保障！”

【知识链接】

税收取之于民，用之于民，税收是财政收入的主要形式。我国财政支出主要可以分为四类：一是经济建设费支出，包括基本建设支出、流动资金支出、地质勘探支出、国家物资储备支出、工业交通部门基金支出、商贸部门基金支出等；二是社会文教费支出，包括科学事业费和卫生事业费支出等；三是行政管理费支出，包括公检法支出、武警部队支出等；四是其他支出，包括国防支出、债务支出、政策性补贴支出等。

（五）家里新添小汽车——豪华汽车需纳税

小明的爸爸今年涨了一级工资，家里准备换辆好车。一家人来到汽车 4S 店，挑来挑去，试来试去，看中了一辆标价 145 万元的豪华小汽车，性能各方面都很好。于是决定购买该辆汽车，但是却被告知除了车辆购置税以外还要多缴 10% 的消费税。原来，财政部、国家税务总局在 2016 年 11 月发文通知，对于 130 万元以上的超豪华小汽车在零售环节还要再加征 10% 的消费税（其他类型在生产环节征收）。

【知识链接】

按照《中华人民共和国车辆购置税暂行条例》第三条规定，车辆购置税征收范围包括汽车、摩托车、电车、挂车、农用运输车。第六条规定，车辆购置税的计税价格根据不同情况，按照下列规定确定：纳税人购买自用的应税车辆的计税价格，为纳税人购买应税车辆而支付给销售者的全部价款和价外费用，不包括增值税税款；纳税人进口自用的应税车辆计税价格的计算公式为：计税价格 = 关税完税价格 + 关税 + 消费税；纳税人自产、受赠、获奖或者以其他方式取得并自用的应税车辆的计税价格，由主管税务机关参照该条例第七条规定的最低计税价格核定。税率方面，按照第五条的规定统一为 10%，且已征收过车辆购置税的车辆不重复征税。2017 年 1 月 1 日至 2017 年 12 月 31 日，车辆购置税率调整为 7.5%，并自 2018 年 1 月 1 日起恢复至 10%。同时，按照《中华人民共和国消费税暂行条例》规定，乘用汽车按照气缸容量大小分别适用 1%、3%、5%、9%、12%、25%、40% 七档税率，摩托车也按照气缸容量大小适用 3% 及 10% 两档税率。此外，按照《财政部 国家税务总局关于对超豪华小汽车加征消费税有关事项的通知》（财税 [2016]129 号）规定，自 2016 年 12 月 1 日起，对超豪华小汽车在零售环节加征 10% 的消费税。国家税务总局对超豪华小汽车的界定是：每辆零售价格 130 万元（不含增值税）及以上的乘用车和中轻型商用客车。

【模拟演练】

小明家购买的 145 万元（不含税价）豪华小汽车，要在购买环节负担多少消费税？

解析：145 × 10%=14.5（万元）。

（六）爸爸的纳税风险——缴税期限须记牢

早晨，阳光照进了小明的房间，“叮叮叮叮……”闹钟响了起来，小明迷迷糊糊地按下闹钟。十分钟后，爸爸急匆匆地跑进小明房间：“小明，快快快！起床了，要迟到了！”

吃饭时，爸爸问小明：“小明，今天是星期几啊？”

小明笑着说：“爸爸，您都忘了吗？今天是星期三，6月16日。”一边说着一边还拿着手机在爸爸眼前晃了晃。

爸爸着急地说：“啊！完了完了，昨天是6月15日，是增值税纳税的截止日期！”小明反问道：“什么是纳税的截止日期啊？”

爸爸语重心长地说：“我们作为纳税人，不仅需要依法计算税款金额，还需要在规定的期限内缴纳税款，而缴纳增值税要求纳税人在下一个月 1 日至 15 日内申报纳税并缴税。今天是 16 日，晚了一天。”小明担心起来：“爸爸，那怎么办呢？”

爸爸说：“国家规定需要按照税款金额的万分之五缴纳税收滞纳金。”

“爸爸，什么是滞纳金？”小明不解地问。

“也就是说，因为推迟一天缴纳税款，所以我们需要多缴一部分钱作为推迟缴纳税款的经济处罚。假如我们需要缴纳 10000 元税款，现在推迟了一天，就需要缴纳 10005 元，这 5 元就是税收滞纳金。”

小明恍然大悟，催促着爸爸：“那您快去税务局缴纳税款吧，下次可别忘了！”

【知识链接】

纳税申报期限是根据各个税种的特点确定的，各个税种的纳税期限因其征收对象、计税环节的不同而不尽相同，同一税种也可以因为纳税人的经营情况不同、财务会计核算不同、应纳税额大小不等，申报期限也不一样，可以分为按期申报纳税和按次申报纳税。按期申报纳税，是以纳税人发生纳税义务的一定期间为纳税申报期限；不能按期纳税申报的，实行按次申报纳税。纳税人、扣缴义务人如遇到国家法定的公休假日，可以顺延。公休假日指元旦、春节、“五一”国际劳动节、国庆节以及双休日。

【模拟演练】

小规模纳税人的增值税纳税期限是什么?

解析:《中华人民共和国增值税暂行条例实施细则》第三十九条规定:“条例第二十三条以1个季度为纳税期限的规定仅适用于小规模纳税人。小规模纳税人的具体纳税期限，由主管税务机关根据其应纳税额的大小分别核定。”

（七）叔叔企业惹争议——纳税人拥有权利

小明的叔叔运营着一家公司，近日小明从爸爸口中了解到，叔叔最近愁眉苦脸，原来是叔叔的企业被税务机关检查，面临着被处罚的风险，公司也不断和税务机关沟通。叔叔最近一直在忙着做这件事，叔叔说要充分行使纳税人权利。

【知识链接】

纳税人除了应该依法履行纳税义务外，还享有相应的纳税权利。纳税人权利是税法的基础和核心问题，是法律赋予纳税人的特定权益。

按照阶段划分，我们可以将纳税人权利分为税前权利、税中权利以及税后权利。其中，缴纳税款是整个纳税活动的中心环节，涉及税款计算、征纳行为、税法处罚等具体的事项。纳税人在法律许可的范围内，应正确使用应有的权利，以保护合法、正当的权益。税中权利包括延期申报或缴款、委托代理权、申请减免权、申辩权等。

此外，对税务机关做出的处理决定及采取的强制执行措施和税收保全措施不服者，依照法律、行政法规，对不同性质的行为，可以在一定期限内，向做出决定的上一级税务机关申请复议；对复议不服者，可以向人民法院起诉。纳税人对政府部门违反税收法律、行政法规的行为，如税务人员索贿受贿、徇私舞弊、玩忽职守、不征或者少征应征税款、滥用职权多征税款或者故意刁难等，可以进行检举和控告。同时，纳税人对其他纳税人的税收违法行为也有权进行检举。

（八）逃税叔叔终被抓——税法底线不能碰

小武的叔叔开的是一家服装贸易公司，主要从事童装的经营和销售。从前年开始，公司的业绩开始下滑，为了增加盈利，小武的叔叔打算通过做假账来少缴税。几年间小武的叔叔为了逃避税款，利用会计师做了假账簿，直到今年被税务机关工作人员发现。经核查，该服装公司偷逃企业所得税和增值税共计 5.4 万元。

【知识链接】

《刑法》第二百零一条规定了逃避缴纳税款罪：纳税人采取欺骗、隐瞒手段进行虚假纳税申报或者不申报，逃避缴纳税款数额较大并且占应纳税额百分之十以上的，处三年以下有期徒刑或者拘役，并处罚金；数额巨大并且占应纳税额百分之三十以上的，处三年以上七年以下有期徒刑，并处罚金。扣缴义务人采取前款所列手段，不缴或者少缴已扣、已收税款，数额较大的，依照前款的规定处罚。对多次实施前两款行为，未经处理的，按照累计数额计算。有第一款行为，经税务机关依法下达追缴通知后，补缴应纳税款，缴纳滞纳金，已受行政处罚的，不予追究刑事责任；但是，五年内因逃避缴纳税款受过刑事处罚或者被税务机关给予二次以上行政处罚的除外。

（九）十八岁的成人礼——做守法的纳税人

转眼间，小明高中毕业了，也即将进入十八岁。家里人为小明准备了成人礼，希望这个成人礼能够成为小明人生路上的新的里程碑，在以后的人生道路上走得更好。

在成人礼上，小明和大家分享了自己今后的人生规划。小明说："我从小就受到家里人的熏陶，一直对税收比较感兴趣，并且前段时间电视上也说，财政是国家治理的基础和重要支柱，税收是财政收入的主要来源，所以我以后要学税收学专业，成为一个税务官，为国家收税，造福百姓。"

小明的大伯对小明说："我经商这么多年，一直诚信守法做一个合格的纳税人。你已经十八岁了，不仅要努力学习，以后做个好的税务官员，也要以身作则，做一个依法履行纳税义务的合格纳税人！”

小明肯定地点了点头，并对全家人说：“请家人们放心，我一定遵纪守法，做一个依法纳税的好公民！”

【知识链接】

我国《宪法》第五十六条规定：“中华人民共和国公民有依照法律纳税的义务。”十八岁是我国法定的成人年龄，要承担公民的基本义务，享有公民的基本权利。因此，十八岁成人后要自觉履行依法纳税义务。如果在税收活动中违法犯罪，则需要承担民事责任和刑事责任。

后记

全面提高国民税收法律意识，让税法进学校、进社区、进厂矿、进家庭，从学龄前儿童教育开始，培育国民税法意识，是构筑具有中国特色社会主义民主法治国家的重要基石，是新时代国民教育改革与发展的重要内容。《青少年税法知识读本系列丛书》继 2018 年 3 月由中国财政经济出版社出版发行后，受到了社会的普遍关注。应读者要求，由中央财经大学税收教育研究所牵头，组织相关专家学者在第一版基础上，进行讨论修订；新增了《社区税法知识读本》。

《青少年税法知识读本系列丛书》包括《学龄前儿童税法知识读本》《小学税法知识读本》《初中税法知识读本》《高中税法知识读本》《大学税法知识读本》，新增《社区税法知识读本》。除这 6 本图书外，还辅以“税收三字经”“税的前世今生”“小小税法宣传员”等 4 部音频动漫，尝试以唱童谣、观动漫、看图画、讲故事等喜闻乐见的形式，将人们衣食住行、创业就业、养生保健、安居乐业中与税收息息相关的各种要素，通过多种形式融入日常生活、贯穿于人生成长与发展的各个阶段，将税收与社会、税收与生活、税收与人生相伴相行的道理说清楚、讲明白。

《青少年税法知识读本系列丛书》和《社区税法知识读本》（以下简称税法知识读本）集各方智慧玉成。国家税务总局原副局长程法光、郝昭成，全国人大常委会第十一届、第十二届全国人大常委会常委、财经委员会副主任委员郝如玉，中央财经大学学术委员会主任李俊生，中央财经大学副校长马海涛，税收教育研究所所长贾绍华分别为这6本书作序。中央财经大学贾绍华、蔡昌，中国社会科学院大学李为人，财政部国际财经研究中心贾英姿，上海交通大学王桦宇，国家税务总局天长市税务局姜培忠，合肥学院吴晓红，以及中央财经大学、中国社会科学院大学、中国财政科学研究院硕士研究生刘润哲、张博翔、刘鑫鑫、张小同、薛黎明、邓正宏、李文、陈进，中央财经大学税收教育研究所李旭，北京小学王昱泽同学参与了修订、撰稿工作。姜培忠、王桦宇、吴晓红对初稿进行了修订审核。《社区税法知识读本》由国家税收法律研究基地副主任丁芸审定，《高中税法知识读本》《大学税法知识读本》由中央财经大学税收筹划与法律研究中心主任蔡昌审定，《学龄前儿童税法知识读本》《小学税法知识读本》由中央财经大学税收教育研究所所长贾绍华审定，《初中税法知识读本》由北京财税研究院副院长焦建华审定；贾绍华总撰并审定终稿。本书插图由山东省青岛市财政局唐志顺创作。

中共安徽省天长市委、天长市人大、政府，天长市委宣传部，国家税务总局天长市税务局对税法知识读本的定稿工作给予了大力支持。国家税务总局原副局长郝昭成，江苏省人大常委会财经委主任委员江建平，安徽天长市人大常委会主任吴振文，安徽天长市市委副书记贺家平，安徽天长市市委常委、副市长张传道，中国注册税务师协会副会长兼秘书长、国家税务总局征管科技司原司长李林军，国家税务总局税务干部学院副院长王锦锋，国家税务总局国际税务司原副巡视员王更生，中国法学会财税法学研究会常务副会长、武汉大学财税法研究中心主任熊伟，中国法学会财税法学研究会秘书长、首都经贸大学法学院周序中，首都经贸大学科研处处长姚东旭，国家税务总局办公厅调研员苏胜利，国家税务总局税务干部学院副处长田建利，国家税务总局税务干部学院编审彭骥鸣，国家税务总局天长市税务局局长葛云海，国家税务总局滁州市南谯区税务局局长王军，国家税务总局南通市税务局副处长周丁荣，安徽省天长市教体局姚迎，国家税务总局天长市税务局胡德仙、王慧敏、唐喜来等专家学者参与书稿的讨论,提出了宝贵的修改意见。上海高顿教育集团、晶澳太阳能控股有限公司对本套书的出版给予了大力支持。在此一并表示衷心的感谢！

税法知识读本肯定会有不尽如人意之处，我们需要不断更新理念，与时俱进。期待读者能提出宝贵的意见和建议。

编者

2019 年 3 月于中央财经大学